Velociraptor

Charles Lennie

ABDO
DINOSAURIOS
Kids

www.abdopublishing.com

Published by Abdo Kids, a division of ABDO, PO Box 398166, Minneapolis, Minnesota 55439.

Printed in the United States of America, North Mankato, Minnesota.

072014

092014

 THIS BOOK CONTAINS
RECYCLED MATERIALS

Spanish Translators: Maria Reyes-Wrede, Maria Puchol

Photo Credits: Alamy, AP Images, Getty Images, Shutterstock, Thinkstock, © Eric Kilby / Flickr.com
Cover, © User: ho visto nina volare / CC-BY-SA-2.0 p. 7, © Salvatore Rabito Alcón / CC-BY-3.0 p.9,
© User: Thesupermat / CC-BY-SA-3.0 p.21, © Thomas Cowart / CC-BY-2.0 p.21

Production Contributors: Teddy Borth, Jennie Forsberg, Grace Hansen

Design Contributors: Candice Keimig, Laura Rask, Dorothy Toth

Library of Congress Control Number: 2014938891

Cataloging-in-Publication Data

Lennie, Charles.

[Velociraptor. Spanish]

Velociraptor / Charles Lennie.

p. cm. -- (Dinosaurios)

ISBN 978-1-62970-321-3 (lib. bdg.)

Includes bibliographical references and index.

1. Velociraptor--Juvenile literature.   2. Spanish language materials—Juvenile literature.   I. Title.

567.912--dc23

2014938891

Contenido

Velociraptor

El Velociraptor vivió
hace muchos años. Vivió
hace 73 millones de años.

El Velociraptor era pequeño.

Era del tamaño de un pavo.

Casi todos los dinosaurios

tenían **escamas**. Se cree que

el Velociraptor tenía plumas.

9

El Velociraptor tenía dos brazos muy cortos. Cada brazo tenía tres garras curvas.

El Velociraptor tenía

dos patas delgadas.

12

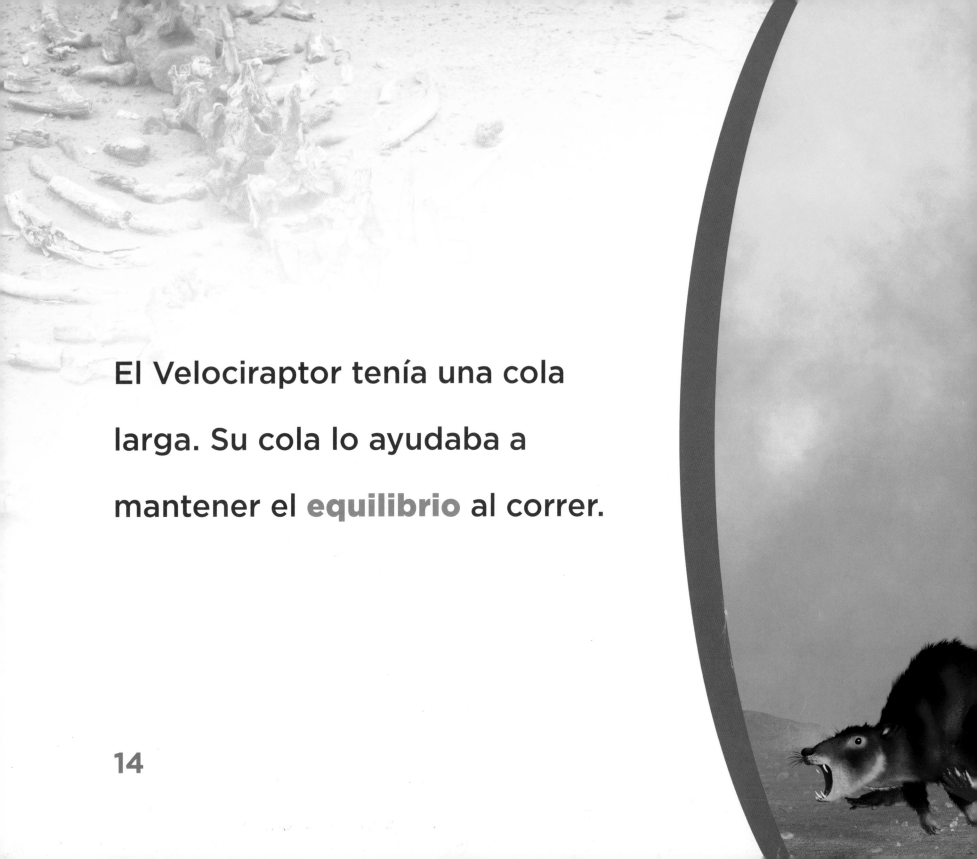

El Velociraptor tenía una cola larga. Su cola lo ayudaba a mantener el **equilibrio** al correr.

14

15

Caza y alimentación

Los dientes del Velociraptor
eran muy afilados. Sus dientes
lo ayudaban a atrapar a su **presa**.

17

El Velociraptor comía carne.

Probablemente comía

dinosaurios lentos y pequeños.

Fósiles

Se han encontrado **fósiles**

de Velociraptor en Mongolia.

También se los ha encontrado

en el norte de China.

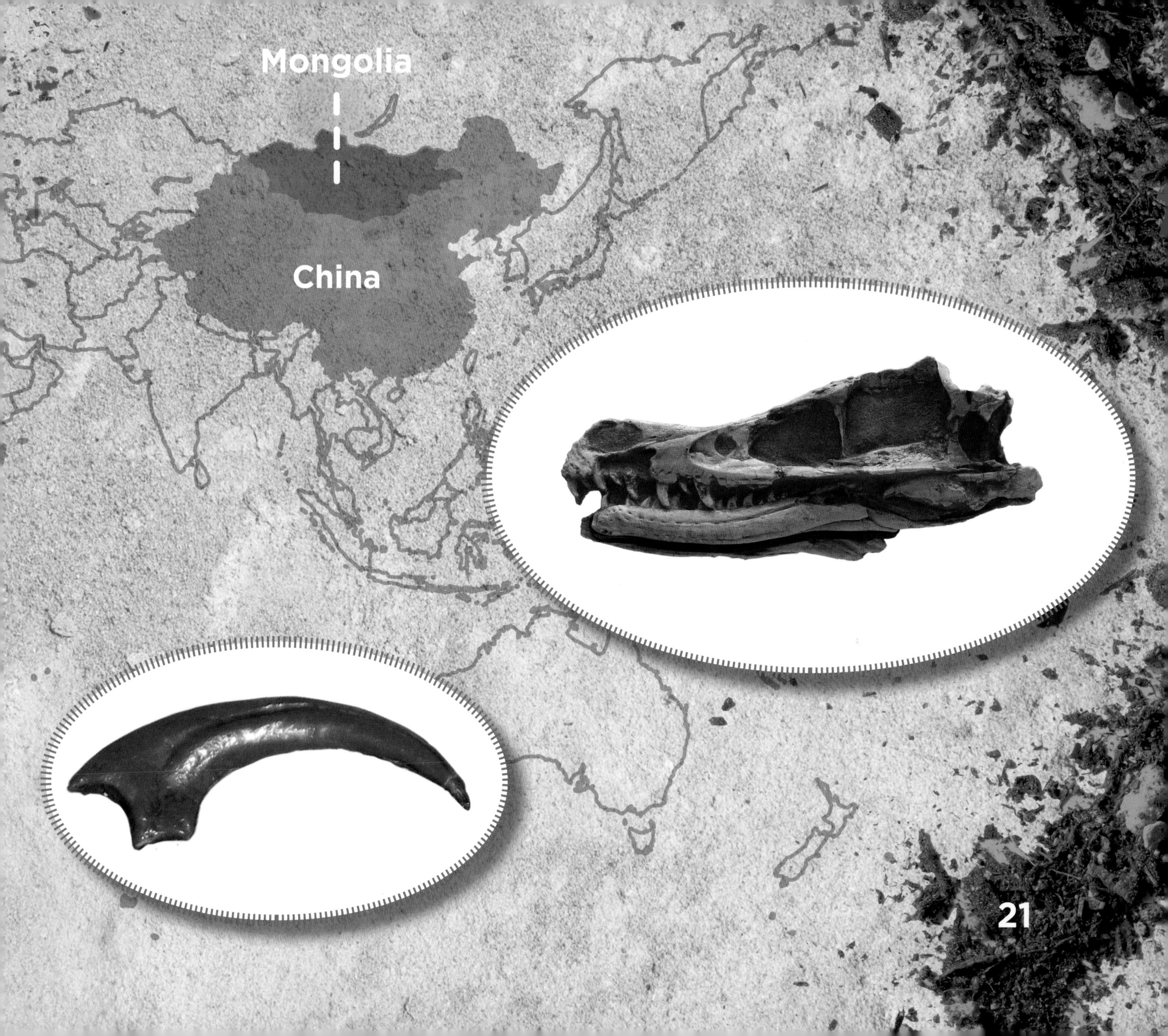
Mongolia
China

Más datos

- El primer **fósil** de Velociraptor se descubrió en el desierto de Gobi en 1922.

- Hace poco tiempo que los científicos descubrieron que el Velociraptor tenía plumas.

- El fósil de dinosaurio más famoso que se ha encontrado es de Velociraptor. Se sabe que estaba en el medio de una batalla con un Protoceratops.

- El Velociraptor usaba sus garras largas y afiladas para defenderse y cazar.

22

Glosario

equilibrio – estabilidad para no caerse.

escamas – láminas que cubren el cuerpo de los reptiles.

fósil – restos de un ser vivo, puede ser una huella o un esqueleto.

presa – animal que se caza o mata para comer.

Índice

abdokids.com

¡Usa este código para entrar a abdokids.com y tener acceso a juegos, arte, videos y mucho más!

Código Abdo Kids:
DVK0274